DER FUSSBALLER

Spaß am Lesen Verlag
www.spassamlesenverlag.de

Autor: Johan van Caeneghem
Übersetzung: Frederike Zindler
Redaktion und Layout: Spaß am Lesen Verlag
Abbildung: Shutterstock

ISBN 978-3-947185-78-8

DER FUSSBALLER

Johan van Caeneghem

WORT
Lesend zu A1
PLUS

Inhalt

Auf dem Platz

Karim ist 20 Jahre alt.
Er lebt in einem Dorf.
Er wohnt bei seinem Vater
und seiner Mutter.

Karim liebt Fußball.
Er nimmt seinen Ball und
geht zu einem Platz.

Dort sind Kinder.
Und ihre Eltern.

Das Wetter ist schön.

Karim betritt den Platz.
Er schießt den Ball.
Er rennt.

Er ist gut.
Er ist schnell.
Er ist stark.

Dann bleibt er stehen.

Die Kinder sehen ihn an.
Und die Eltern auch.

Karim lächelt.
Die Eltern lächeln ihn an.

Fußball

Karim nimmt seinen Ball.
Und geht nach Hause.

„Wie ist das Wetter?“, fragt sein Vater.
„Schön“, sagt Karim. „Sehr warm.“
„Dann gehe ich ein bisschen spazieren“, sagt sein Vater.

Haus

Deutsch lernen

Karims Mutter liest ein Buch.
Sie lernt Deutsch.

Karim und sein Vater lernen auch Deutsch.
Karim sitzt zusammen mit seinen Eltern im Kurs.

Karim nimmt sein Buch.
Und liest: „Wie heißt du?"

Buch

„Ich bin Samira“, sagt seine Mutter.
„Ich bin Karim“, sagt Karim.

„Wo wohnst du?“, fragt Karim.
„Ich wohne in Deutschland“, sagt Samira.

„Wo bist du geboren?“
„Im Irak.“

„Was machst du?“
„Ich lese, ich schreibe, ich höre zu, ich spreche.“

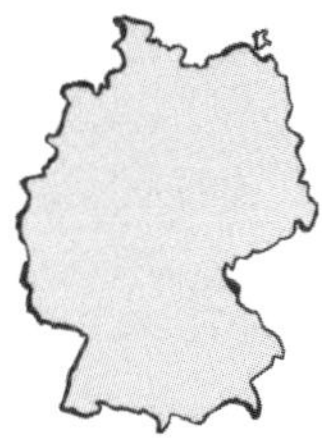

Deutschland

Sophie

Karim geht zurück zum Platz.
Es sind keine Kinder da.
Und auch keine Eltern.

Er ist allein.

Karim schießt den Ball.
Und rennt.
Und schießt.

Er ist richtig schnell.
Er ist richtig gut.

Fahrrad

Dann sieht Karim ein Mädchen.
Sie steht am Rand.
Sie hat ein Fahrrad dabei.

„Hallo“, sagt Karim.
„Hallo“, sagt das Mädchen.

„Wie heißt du?“, fragt Karim.
„Ich bin Sophie“, sagt das Mädchen.

„Hallo, Sophie“, sagt Karim.
„Ich bin Karim.“
„Hallo, Karim“, sagt Sophie.

„Spielst du auch Fußball?“, fragt Karim.
„Manchmal“, sagt Sophie.

„Spielst du mit?“
„Nein, heute nicht.
Ich muss nach Hause.
Tschüss.“

„Tschüss.“

Der Termin

Karim schaut in die Zeitung.
Er sucht Arbeit.
Das ist nicht leicht.

Dann liest er:
Umzugsfirma sucht
Mitarbeiter.

Dort steht eine Nummer.
Karim ruft an.
Er macht einen Termin.

Zeitung

Karim fährt mit dem Fahrrad
zu der Adresse.
Er betritt das Büro.
Er spricht mit einem Mann.

„Sprechen Sie Deutsch?",
fragt der Mann.

„Ein bisschen", sagt Karim.
„Ich besuche einen Kurs."

„Sind Sie stark?", fragt der
Mann.
„Ja", sagt Karim.

Der Mann und Karim reden
eine halbe Stunde.

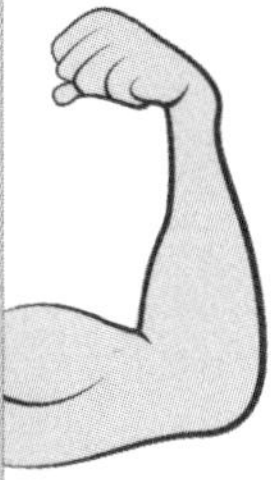

stark

Karim muss seinen Namen aufschreiben.

„Wir rufen Sie an“, sagt der Mann.
„Schönen Tag noch.“

„Danke. Ihnen auch.“
Karim fährt wieder zurück nach Hause.

Wieder zuhause

Umzugswagen

„Und?“, fragt Karims Vater.

„Ich weiß nicht“, sagt Karim.
„Der Mann ruft mich an.“

„Was für Arbeit ist es?“,
fragt Karims Mutter.

„Eine Umzugsfirma“, sagt
Karim.
„Kannst du das?“, fragt sie.

„Na klar“, sagt Karim.
„Ich bin doch stark.“

Im Supermarkt

Karim und seine Mutter
kaufen ein.
Sie gehen in den Supermarkt.

„Was essen wir heute
Abend?“, fragt Karim.
„Reis“, sagt seine Mutter.

Karim nimmt ein Paket Reis.
Der ist im Angebot.
Er legt den Reis in den
Einkaufswagen.

Dann sieht er Sophie.

Einkaufswagen

„Hallo“, sagt Sophie.
„Hallo“, sagt Karim.

„Das ist meine Mutter“, sagt Karim.
„Hallo“, sagt Sophie.
„Hallo“, sagt Karims Mutter.

„Gehst du wieder Fußball spielen?“, fragt Sophie.
„Ja“, sagt Karim. „Morgen.“

„Schön“, sagt Sophie.
„Bis morgen vielleicht.“
„Bis morgen“, sagt Karim.

„Wer ist das Mädchen?", fragt seine Mutter.

„Sie heißt Sophie", sagt Karim. „Sie kommt ab und zu zum Platz."

„Spielt sie auch Fußball?"
„Manchmal", sagt Karim.

Karsten

Es ist Samstag.
Die Sonne scheint.

Karim geht mit seinem Ball
zum Platz.
Dort sind viele Leute.

Wo ist Sophie?
Er sieht sie nicht.
Er betritt den Platz.

Karim läuft hin und her.
Das macht Spaß.

Sonne

„Hey, Karim!"
Da ist Sophie.

Bei ihr ist ein Mann.
Sie kommen auf ihn zu.

„Das ist mein Vater", sagt Sophie.
„Das ist Karim."

„Hallo", sagt Karim.
„Hallo, junger Mann. Ich bin Karsten."

„Wir haben ein Fußballteam.", sagt Sophie.
„Und mein Vater ist Trainer."

„Du bist gut“, sagt Karsten.
„Danke!“, sagt Karim.

„Wir suchen noch jemanden“, sagt Karsten.
„Willst du mit uns spielen?“

„Echt?“, fragt Karim.
„Echt“, sagt Karsten.

„Vielen Dank!“, sagt Karim.
„Gerne“, sagt Karsten.
„Bis morgen dann?“

„Bis morgen.“

Karsten

Karim geht nach Hause.
Der Mann von der Arbeit ruft an.

„Es tut mir leid. Wir haben jemand anderen.“

„Schade“, sagt Karims Mutter.
„Beim nächsten Mal klappt es“, sagt Karims Vater.

Aber Karim ist trotzdem froh. Denn er kann in einem richtigen Fußballteam spielen.

Los, Karim!

Es ist Sonntag.
Karim spielt Fußball.
Er spielt für sein neues Team.

Sophie und Karsten sind da.
Und Karims Eltern.

„Los, Karim!“
„Lauf!“

Es läuft gut.

Karim bekommt den Ball.
Er rennt zum Tor.
Und trifft.

1–0!

Karim spielt richtig gut.
Seine Eltern sind stolz.

Karim bekommt wieder den Ball.

Er läuft an einem Jungen vorbei.
Und an noch einem.

Aber dann schubst ihn jemand.

Karim fällt.
Und bleibt liegen.

Der Schiedsrichter pfeift.

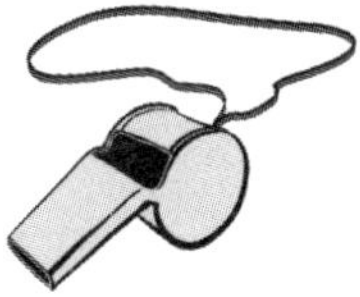

Pfeife

Ruhe

Karsten und Sophie laufen
auf das Spielfeld.

Alle stehen um Karim herum.

Karim steht auf.
Sein Knie tut weh.

Er muss ins Krankenhaus.

„Einen Monat Ruhe“, sagt der
Arzt.

Wie heißt du?

Karim sitzt im Kurs.

„Wie heißt du?“, fragt die Lehrerin.
„Ich bin Karim“, sagt Karim.

„Was machst du?“
„Ich spiele Fußball“, sagt Karim.

„Wie geht es dir?“, fragt die Lehrerin.

„Gerade nicht so gut.
Ich muss mich ausruhen.“

Die Karte

Nach dem Unterricht.

Sophie steht vor der Schule.
„Gehen wir etwas trinken?“,
fragt sie Karim.

Sie ist mit dem Auto da.
Sie fahren zu einem Café.

Es ist schönes Wetter.
Sie sitzen draußen.

Sophie gibt Karim eine Karte.
„Von allen Spielern", sagt sie.

Auf der Karte stehen viele
Namen.
GUTE BESSERUNG

WORT PLUS
Lesend zu A1

Neue Arbeit
Johan van Caeneghem
ISBN 978-3-947185-73-3

Gemeinsam essen
Johan van Caeneghem
ISBN 978-3-947185-80-1

Der Fußballer
Johan van Caeneghem
ISBN 978-3-947185-78-8

Nach Hause
Johan van Caeneghem
ISBN 978-3-947185-75-7